COMO HABLAR EN PUBLICO

"Ejercicios para mejorar tu voz y tu postura ante el público"

COMO HABLAR EN PUBLICO

"Ejercicios para mejorar
tu voz y tu postura
ante el público"

LUIS GABBA

Primera edición: MAYO 2020
Copyright 2020 – Luis Gabba
Editado por: **El Picaflor**
Mail: **elpicaflornet@gmail.com**
ISBN: **9798648687165**
Ninguna parte de esta obra puede ser reproducida por algún medio escrito o digital sin permiso expreso de su autor

Gracias a mi esposa y a mis dos hijos, por motivarme a que siga escribiendo.

Luis Gabba

¡Gracias!

¡Felicitaciones!

Con este libro has dado el primer paso para saber cómo mejorar tu voz y la forma en que te diriges al público

Me encantaría conocer tu opinión después que leas esta obra.

Te invito a que me escribas a luisgabba@gmail.com, lo que piensas sobre mi libro; es muy importante y valioso para mí.

Gracias por darme parte de tu inestimable tiempo.

LUIS GABBA

INDICE

INTRODUCCION	PAG. 7
PRIMEROS CONSEJOS	PAG. 10
EJERCICIO 1: Respiración consciente	PAG. 13
EJERCICIO 2: Vocalización	PAG. 19
EJERCICIO 3: Exprésate con voz clara y definida	PAG. 21
EJERCICIO 4: Desarrolla una voz fluida y dinámica	PAG. 25
EJERCICIO 5: Proyecta un tono de voz natural	PAG. 27
EJERCICIO 6: Encuentra el ritmo adecuado	PAG. 29
EJERCICIO 7: Grábate y escúchate	PAG. 31
EJERCICIO 8: El color de voz	PAG. 33
EJERCICIO 9: Habla con convicción y persuasión	PAG. 35
EJERCICIO 10: Visualización positiva	PAG. 37
EJERCICIO 11: Improvisación	PAG. 39
EJERCICIO 12: Escribe tus ideas	PAG. 41
COMO HACEN LOS GRANDES LIDERES PARA HABLAR EN PUBLICO	PAG. 44
CONCLUSION	PAG. 49

INTRODUCCION

Uno de los retos que me ha tocado enfrentar a lo largo de mi vida profesional fue hablar en público.

Hacer presentaciones de ideas o proyectos ante unas pocas personas, hasta hacerlo en lugares más concurridos, y como todos, he pasado por situaciones incomodas al no saber manejarme correctamente en esta faceta.

Y no se trataba solo de timidez de enfrentar a un público, ya sean 5 o 200, era la dificultad para controlar la modulación de mi voz, la entonación y el volumen.

Incluso a veces he provocan que mi audiencia se sienta aburrida y con sueño, todo un problema.

Otros oradores tienen el problema de que no saben cómo darle más volumen a su voz para que su público los escuche claramente y para otros el problema está en la entonación ya que tienen una voz demasiado aguda o muy grave y no encuentran la manera de hacer que su voz sea más agradable e interesante de escuchar.

Es por eso que voy a compartir contigo ejercicios básicos que he ido aprendiendo y que he ido aplicando y perfeccionando que te ayudarán a mejorar tu voz en claridad tono y volumen, de tal manera que al realizar estas prácticas tú puedas desarrollar una voz cada vez más nítida, atractiva y persuasiva que te permitirá mantener una conexión auténtica con tu público y realizar presentaciones más interesantes y memorables.

Este manual de instrucción personalizada extraído de muchas horas de aprender técnicas, leer una gran cantidad de libros y haber asistido a seminarios y cursos, te ayudaran a comprender y desarrollar una habilidad que no todos tenemos de nacimiento.

En este manual puedes descubrir, aprender y practicar las técnicas que te permitirán desarrollar tus habilidades para hablar en público como un profesional o realizar presentaciones laborales a tus superiores de una manera convincente, atractiva y con elocuencia. Vencer los nervios y dominar tu lenguaje corporal fácilmente si quieres transmitir una imagen positiva de hablar en público y lograr que las personas te presten su atención asimilen tu mensaje y se dejen persuadir por tus palabras. Para todo esto, necesitas desarrollar un buen dominio de tu voz para que evites escucharte monótono, aburrido y repetitivo por eso es importante que adquieras la habilidad de proyectar el volumen, la modulación y el ritmo adecuados en tu voz para mantener a tu audiencia 100% atenta a tu mensaje.

PRIMEROS CONSEJOS

Para que un atleta pueda correr y destacar en un maratón, tiene que haberse preparado bien por varios meses, o incluso años. Y esta preparación implica haberse ejercitad de manera continua y disciplinada. Así es como un maratonista desarrolla la condición física que necesita para dar lo mejor de sí y obtener excelentes resultados.

Esto mismo aplica para la oratoria. Así como para un atleta es más fácil correr un maratón completo cuando ha hecho ejercicio por mucho tiempo de manera disciplinada; a ti te será cada vez más fácil hablar en público si te preparas constantemente, aún si algún día te ves en la necesidad de improvisar, como me ha pasado.

Si te ejercitas continuamente aplicando estos ejercicios que voy a compartir, te sentirás muy familiarizado con la experiencia de hablar en público.

Se puede decir que tendrás mejor condición física y mental para expresarte y hablar correctamente. De esta manera, cada vez que tengas que hacer una presentación, te sentirás con una gran seguridad y confianza en ti mismo, lograrás expresar tu mensaje con elocuencia, y serás capaz de convencer a las personas fácilmente.

Pero a un atleta no le basta simplemente con salir a correr un poco todos los días. Un maratonista tiene que llevar a cabo todo un plan de entrenamiento científicamente diseñado, que involucra trotar y correr cambiando el ritmo de manera estratégica, hacer estiramientos en los momentos clave, y tomar descansos de recuperación.

De este mismo modo, es importante que tú como orador, conozcas cuáles son los ejercicios que están diseñados específicamente para ayudarte a lograr tu meta de hablar bien en público.

"Ejercicios para mejorar tu voz y tu postura ante el público"

EJERCICIO 1:
Respiración consciente

Programe de 3 a 5 momentos durante el día para respirar de manera consciente.

Todo el tiempo respiramos de manera automática. Pero cuando te permites experimentar conscientemente cómo el aire entra en tus pulmones, oxigena tu cuerpo y luego sale por completo, llevándose consigo las toxinas que no necesitas, le estarás brindando a tu mente y a tu cuerpo un mayor bienestar y una mejor condición física.

Este ejercicio consiste en sentarte de manera que tu espalda quede recta, tu pecho un poco arriba y tus hombros relajados hacia atrás. Saca todo el aire que tengas y después llena tus pulmones asegurándote de que tu abdomen se infle y tus costillas inferiores se expandan.

Cuenta cinco segundos mientras respiras, cinco segundos mientras mantienes el aire y cinco segundos para expulsarlo por completo. Realiza esta respiración consciente de 3 a 5 minutos, tres veces al día. Una vez que encuentres el ritmo, ya no es necesario que cuentes los segundos, puedes simplemente sentir cómo tu respiración es relajada, profunda y significativa.

Está comprobado que este ejercicio te ayuda a eliminar toxinas, oxigenar tu cuerpo, fortalecer tu diafragma y deshacerte del estrés. Al realizarlo constantemente lograrás con el tiempo, proyectar mejor tu voz, tener mayor claridad mental, hablar con mayor fluidez sin que te falte el aire, y desarrollar un buen dominio emocional.

El quedarse sin aire al comenzar una alocución fue algo que me pasaba al principio. Quería tener a toda mi audiencia motivada desde el principio y apenas pronunciaba las primeras frases, sentía que me ahogaba, que estaba prácticamente jadeando.

Con este ejercicio logre rápidamente controlar este

inconveniente.

Este ejercicio te ayudarán a proyecta el volumen preciso de tu voz, para que no sea muy fuerte ya que puede abrumar y aturdir ni tampoco demasiado sutil como para poner a dormir a las personas.

Debes proyectar el nivel de volumen preciso y esto lo puedes lograr utilizando correctamente tu respiración.

Debes proyectar el nivel de volumen preciso y esto lo puedes lograr utilizando correctamente tu respiración.

Otro ejercicio práctico que puedes realizar es, respira de 3 a 5 veces profundas inhala nuevamente coloca el dorso de tu mano frente a tu boca y empieza a exhalar de una manera suave y continua de tal forma que en tu mano pueda sentir un flujo de aire constante y controlado, realiza este paso varias veces colocando tus labios en forma ovalada como si estuvieras pronunciando la vocal "O" pero sin emitir sonido, ahora repite este paso pronunciando el sonido y algunas palabras de ensayo experimenta disminuir el volumen al mínimo donde apenas si te escuches y después aumentándolo al máximo volumen de voz hablado que puedas emitir sin llegar a gritar, todo esto mientras mantienes relajada tu garganta no permitas que se tensa por hablar más fuerte recuerda que la clave está en la respiración. Un error muy común que algunas personas cometen es que ejercen mucha tensión en su garganta cuando intentan elevar el volumen y eso provoca que se lastimen y que su voz no se proyecte bien, debido a que su garganta se cierra.

    Un detalle importante para una buena respiración los hombros deben mantenerse nivelados sin levantarse tu espalda recta y no debes hacer demasiado esfuerzo cuida que no sea una respiración forzada sino más bien fluida y rítmica. Recuerda que no es necesario llenar completamente tus pulmones de aire antes de hablar, porque en realidad, no se necesita tanto aire así que mantén simplemente una respiración profunda a nivel abdominal pero natural.

EJERCICIO 2:
Vocalización

Vocalizar es convertir en sonidos el flujo de aire que sale de tus pulmones.

Hay muchas maneras de realizar este ejercicio de vocalización. Una manera muy sencilla y fácil de realizar es la siguiente: En una posición cómoda trata de relajar todo tu cuerpo, especialmente tu garganta. Vacía tus pulmones, toma suficiente aire por tu nariz (no demasiado), y empieza a dejar salir un flujo de aire constante mientras pronuncias los siguientes sonidos por varios segundos: "ooo, uuu, aaa, eee, iii"

Empieza con un tono medio que te sea cómodo; utiliza tu tono natural de voz, y después, prueba expresar tonos más graves y tonos más agudos. Asegúrate de que no haya tensión en tu garganta al realizar este ejercicio, por eso es importante que primero practiques un poco de relajación y de preferencia, que realices este ejercicio después de practicar la respiración consciente.

Vocalizar es convertir en sonidos el flujo de aire que sale de tus pulmones.

Si haces este ejercicio al menos una vez al día, podrás desarrollar un tono y un timbre de voz más amenos, tendrás mayor variedad vocal, lograrás hablar por más tiempo sin sentir fatiga en tu garganta, y aprenderás a proyectar mejor tu voz.

Este ejercicio también te sirve como calentamiento antes de cualquier presentación, y te ayudará a cuidar tu voz por muchos años.

EJERCICIO 3:
Exprésate con una voz clara y definida

La dicción es aún más importante que el volumen hay gente que tiene un volumen de voz adecuado pero arrastra las palabras y es complicado entender fácilmente lo que están tratando de decir, en cambio existen presentadores que no necesitan elevar tanto el volumen ya que su voz es muy clara y así logran que cada una de las personas presentes en la sala les entiendan perfectamente.

Si desarrollas una buena dicción tu voz será nítida y fácil de entender y tu público disfrutará a escucharla.

Un ejercicio de articulación y dicción que te puede

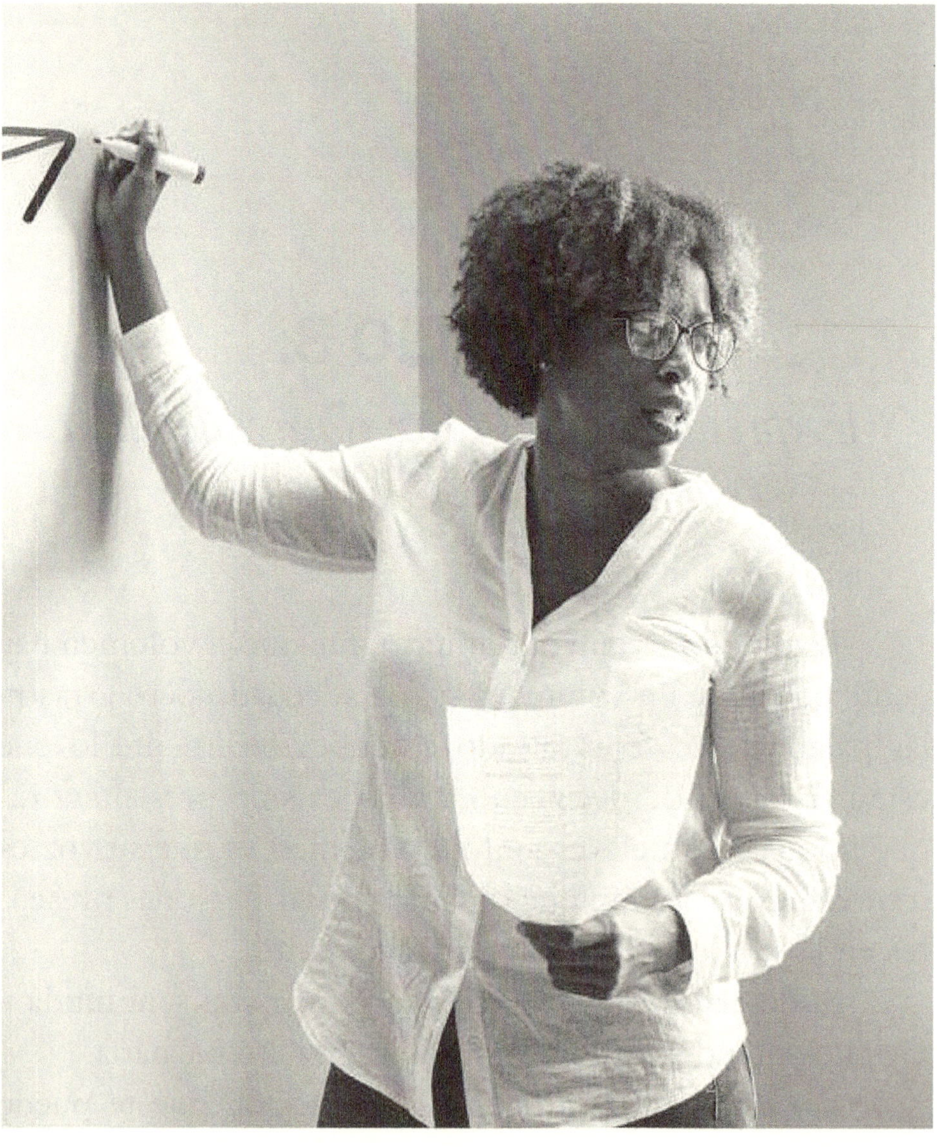

ayudar es concentrar su atención en tu lengua mientras hablas, práctica pronunciando tu discurso frente al espejo y verifica que tu lengua realice movimientos completos, también puedes practicar con un trabalenguas Este es un ejemplo de un trabalenguas enfocado en las consonantes T y R: "Treinta y tres tramos de troncos trozaron tres tristes tronzadores de troncos y triplicaron su trabajo, triplicando su trabajo de trozar troncos."

Si desarrollas una buena dicción tu voz será nítida y fácil de entender y tu público disfrutará a escucharla.

Esto te permitirá desarrollar una mayor agilidad para pronunciar claramente las palabras, te ayudará a evitar problemas de titubeo al hablar, y te apoyará para que mejores tu dicción.

Trata de aumentar poco a poco la velocidad, sin descuidar la buena pronunciación, y de preferencia hazlo también con un lápiz debajo de tu lengua.

Además de esto ten presentes las siguientes recomendaciones que te pueden ayudar a mejorar tu dicción y a lograr una voz clara y bien definida empieza siempre hablando despacio y con claridad abre tu boca lo suficientemente amplia para que el sonido no se obstruya, emite completamente todos los sonidos de cada palabra y si te encuentras con palabras difíciles de pronunciar, practica decirlas en voz alta repetidamente. Anticonstitucionalmente

Esternocleidomastoideo
Paralelepípedos
Otorrinolaringología
Desoxirribonucleico

Son palabras que puedes usar para ejercitar la pronunciación.

EJERCICIO 4:
Desarrolla una voz fluida y dinámica

El objetivo es que logres controlar la dinámica de tu voz para que varíe de acuerdo con la intensidad del mensaje que estás entregando, para lograr esta variedad trata de iniciar y terminar tus oraciones con una entonación y un volumen diferente, ya que si repites el mismo patrón de bajar o subir el tono de manera similar, te vuelves predecible y esa monotonía puede resultar aburrida para las personas.

Un ejercicio sencillo, y si lo realizas frecuentemente, descubrirás que tú tienes una gran variedad vocal que no has aprovechado al máximo. Lo que vas a hacer es leer en voz alta algún fragmento literario de tu agrado, o un discurso que te entusiasme, pero lo vas a leer de una manera inusual, haciendo subidas y bajadas drásticas en la dinámica de tu voz, no te preocupes si no se asemeja a la manera normal de hablar, lo importante es que lo tomes como un experimento.

> **Practica con este fragmento:**
> *"La vida está llena de decepciones fracasos y contratiempos, pero ningún obstáculo puede detenerte de forma permanente, tú tienes el poder para superar cualquier situación que la vida te presente, no hay nada tan poderoso como una mente positiva y enfocada, rodéate de personas que te brinden su apoyo y te recuerden cuán importante eres, ninguna persona, situación o circunstancia puede definir tu valor como persona, no te des por vencido ni dejes de creer que es posible la grandeza está en tu interior".*

EJERCICIO 5:
Proyecta un tono de voz natural

Un error muy común que he visto en oradores o presentadores que recién empiezan y que yo también cometía en mis inicios, es el de fingir la voz. Esto se da muchas veces porque al pasar al frente y hablar frente a un grupo de personas, queremos exaltar el volumen de manera excesiva y esto provoca que nuestro tono de voz se altere.

En mi caso al escuchar las grabaciones de mis primeras charlas, podía notar que mi voz se oía diferente a como yo la conocía, este error puede causar que tu público no crean tus palabras al no percibir tu voz auténtica y además que tu garganta termine fatigada después de unos pocos minuto. Por eso es importante que tengas presente que para hablar en público y motivar a las personas no es necesario gritar ni elevar demasiado el tono, el éxito de tu presentación vendrá como resultado de la estructura sólida de tu mensaje y de que seas capaz de relajarte y hablar con toda tu audiencia como si tuvieras en una plática casual con cada una de las personas presentes. Para lograr esto te sugiero que realices un ejercicio donde pongas en práctica lo que aprendiste en los ejercicios previos.

EJERCICIO 6:
Encuentra el ritmo adecuado

Tomate un momento para saber cuál es el ritmo con el que hablas normalmente. Todos hablamos a una velocidad diferente así que la regla es sencilla encuentra un ritmo con el que te sientas cómodo y que consideres adecuado para el mensaje que vas a transmitir.

Algo que te puede resultar muy útil es esta, práctica pronunciar tu discurso en voz alta mientras realizas cambios drásticos en la velocidad de tu presentación. Seguramente en tu discurso habrá fragmentos y puntos específicos que quieres entregar más lentamente para asegurarte de

Encuentra un ritmo con el que te sientas cómodo y que consideres adecuado para el mensaje que vas a transmitir.

que la idea sea captada fácilmente por la audiencia.

Por otro lado cuando realices un repaso de una idea o una recapitulación de algo que ya dijiste previamente, es mejor si lo haces lo más rápido y sintetizado que te sea posible, para no distraer la atención en el mensaje central.

EJERCICIO 7:
Grábate y escúchate

Para completar el EJERCICIO 6, te recomiendo que grabes tu discurso antes a modo de ensayo, ya sea en audio o en video, el hecho de grabar tu presentación completa y luego escucharla, te ayudará a mejorar de manera consciente y subconsciente, tanto el contenido de tu tema, como la manera en que lo presentas.

Te recomiendo conseguir una cámara de video o una grabadora de audio, y grabarte a ti mismo mientras practicas tu discurso. Escucha tus grabaciones y no te preocupes si tienes errores o detalles por corregir. Ten confianza en que poco a poco vas a mejorar.

Este ejercicio además, te ayudará a conocer mejor cómo suena tu propia voz y familiarizarte con ella. Así podrás trabajar en mejorar tu pronunciación y tu entonación, para que desarrolles una voz cada vez más dinámica y expresiva.

Este ejercicio también te ayudará a dale a tu voz un toque atractivo de escuchar.

EJERCICIO 8:
El color de voz

Todos tenemos una voz única y eso es algo que no podemos cambiar, aún así, tú puedes darle a tu voz un toque más agradable y esto lo puede lograr de una manera tan sencilla, como sonreír.

Sonreír ligeramente mientras pronuncias tu mensaje hace que el color de tu voz sea más

Sonreír ligeramente mientras pronuncias tu mensaje hace que el color de tu voz sea más atractivo

atractivo, además de esta manera, las personas que te escuchan van a percibir calidez y empatía en tu manera de hablar, que complementada con las técnicas de los ejercicios anteriores se convertirá en una voz más agradable e interesante.

EJERCICIO 9:
Habla con convicción y persuasión

No es lo mismo pronunciar un mensaje de motivación con una voz endeble y débil, que hacerlo desde el convencimiento que expresas en tus palabras.

Intenta pronunciar tu mensaje con más convicción cada vez que lo practiques sin dejar de transmitir naturalidad.

El ritmo, atracción y convicción de tu voz, sumado al entusiasmo que logres impregnarle a tus palabras, juega un papel crucial en el poder persuasivo que vas a obtener para convencer a tu público. Por eso te recomiendo que hagas tuyo el mensaje, siente y vive de manera congruente cada una de las palabras que anuncian tus labios, si te es posible habla de algo que te apasione y verás como tu voz inmediatamente emitirá un brillo encantador con el que podrás fácilmente convencer a tu audiencia, siempre que tus argumentos estén bien fundamentados.

Un elemento importante a tener muy en cuenta, es la utilización de pausas entre un concepto expresado y otro. Esto usado en la forma correcta, hará que nuestra audiencia pueda asimilar mejor la idea expresada.

Cuando hables en público así notarás que poco a poco vas a ir forjando tu propio estilo de voz, una voz dinámica clara y persuasiva que te convertirá en un gran orador capaz de cautivar, guiar e inspirar auténticamente a tu público.

EJERCICIO 10:
Visualización positiva

¿Cuál es el resultado positivo que quieres lograr?

Cuando te estés preparando para presentar un tema en público, diseña de antemano y describe detalladamente cómo te gustaría que resulte tu presentación.

Agrega tantos detalles como puedas, por ejemplo: qué tan grande es el auditorio, cuántas personas están presentes, imagina la actitud amable, positiva y receptiva de tu público; describe la confianza, convicción y elocuencia que deseas proyectar con tu manera de hablar, los aplausos y el reconocimiento que vas a recibir al final.

Imagina claramente el mensaje valioso con el que las personas se van a quedar después de escucharte, y sigue visualizando todos los aspectos de ese evento tan importante como si ya lo estuvieras viviendo. No importa si vas a dar una charla de trabajo para un puñado de personas o tengas que hacerlo ante un auditorio repleto, visualiza como quieres que salga la presentación en cada mínimo detalle.

Imagina claramente el mensaje valioso con el que las personas se van a quedar después de escucharte

Visualízalo claramente en tu mente durante varios días consecutivos antes de presentarte, tómate unos minutos y recuéstate en un lugar cómodo. Cierra tus ojos e imagínate a ti mismo realizando exitosamente tu presentación.

Imagina cada detalle y siente cómo tu público te sonríe y escucha tus palabras de manera receptiva y abierta, porque estás entregando un mensaje interesante de manera clara y convincente.

Experimenta vívidamente ese entusiasmo y esa gran satisfacción.

EJERCICIO 11:
Improvisación

Improvisar es una de las mejores maneras de desarrollar la agilidad mental que necesitas para hablar con elocuencia. Y lo mejor es que puedes hacer este ejercicio de manera privada o con un par de amigos con quien te sientas en confianza. Lo que tienes que hacer es elegir un tema muy específico relacionado con algo que te gusta o algo que conoces muy bien, diseña un pequeño esquema con tres o cuatro ideas claves, una pequeña introducción y un cierre. Repasa el esquema varias veces de manera breve y simplemente empieza a improvisar.

Un pequeño discurso frente al espejo, frente a la cámara, o frente a un amigo que te pueda brindar retroalimentación, será un ejercicio de gran ayuda.

Puedes utilizar tu esquema como guía al principio.

Si continúas practicando, muy pronto serás capaz de desarrollar el tema completo de inicio a fin con una gran confianza en ti mismo, y sin la necesidad de consultar tu esquema.

EJERCICIO 12:
Escribe tus ideas

Si realmente deseas tener un gran dominio sobre un tema específico para posicionarte como experto en la materia, o si quieres comunicar fácilmente cualquier tema relacionado a la labor que realizas en tu trabajo, proyecto o empresa; este ejercicio de escribir tus ideas, te ayudará a lograrlo.

Consiste en que establezcas el hábito de leer e investigar información fresca todos los días sobre ese tema en particular. Pero no basta con llenar tu mente de nueva información todos los días, para volverte un experto. Por eso, es importante que, como parte de este hábito, te tomes de 15 a 20 minutos diarios para poner en orden todas tus nuevas ideas y pensamientos relacionados al tema.

Convierte esta actividad en una rutina de creatividad. Utiliza un cuaderno, un documento digital, una agenda o un mapa mental y escribe tus ideas, no las dejes volando en tu mente, por más que te parezcan que no son exactamente lo que buscabas, pero al verlas escritas se dispararán en tu creatividad nuevas ideas.

El objetivo es que logres plasmarlas en papel o de forma digital de manera organizada, de tal manera que si en 2 años, vienes y lees lo que escribiste, puedas comprender el mensaje perfectamente. Sobre todo, asegúrate de establecer muy bien las relaciones, cómo se conecta una idea con otra, y cómo se conecta cada punto específico con el tema en general.

Si mantienes este hábito por 30 días consecutivos, puedes estar seguro de que la próxima vez que alguien te pida hablar al respecto, aún cuando no te den la oportunidad de prepararte, serás capaz de explicar muy claramente el tema.

Ya no te vas a quedar en blanco, porque tendrás tus ideas muy bien organizadas.

COMO HACEN LOS GRANDES LIDERES PARA HABLAR EN PUBLICO

BARAK OBAMA

Los grandes líderes mundiales, de toda ideología, pueblos distantes y diferentes entre sí siempre supieron lo importante que es expresar las ideas de manera correcta.

Tomemos como ejemplo al ex presidente de los Estados Unidos, Barak Obama.

Obama, naturalmente tiene un tono de su voz, ligeramente aterciopelada pero sin empalagar, con la cual supo seducir a la población estadounidense, pero no solo de eso se trata. Es un punto grande a su favor, sin embargo, lo que tiene es mucha técnica y práctica de oratoria.

Según el analista Carmine Gallo, quien analizó para

Forbes los discursos de Obama, dio algunos detalles de cómo el ex presidente se preparaba para dar sus discursos.

- Planificación: Debe ser lo primero, porque la falta de preparación suele ser el primer motivo que nos pone nerviosos. Siempre habrá que tener en cuenta a quién nos estamos dirigiendo, de cuánto tiempo disponemos, cuál es el mensaje exacto que queremos transmitir y cómo queremos transmitirlo.
- Mantenerse siempre erguido. No como si tuvieras

una tabla en la espalda, pero si una postura erguida y relajada, sin forzar esta postura.

- Mirar a los ojos de tu público. Esta, aunque parezca la más tonta, es la más complicada. Normalmente nos pone nerviosos mirar a los ojos de los demás.
- Como acomodar las manos. No dejarlas caer a lo largo del cuerpo, ni pellizcarse los dedos de las manos. El modo tetera, también está prohibido. Hay que hablar con los brazos, son el soporte de nuestras palabras. Ponlos perpendiculares a la cintura y muévelos a una velocidad acorde al énfasis de tus palabras.
- Cuida tu vestuario. Nunca subestimes la importancia de tu aspecto a la hora de hablar al público. Tienes que procurar que, pareciendo espontáneo y auténtico, en realidad no haya nada fuera de tu control. Controla la imagen general (el conjunto) y para que funcione trabaja cada detalle por separado (zapatos, camisa, pantalones). Y lo más importante: tu cara, tu pelo.

Sin duda alguna Barak Obama es una de las personalidades que logró cautivar al mundo con sus discursos, y una de las características principales era hacer pausas dramáticas, es decir, se daba un respiro de un segundo o dos y después continuaba hablando. Según Gallo, dichos espacios sirven para que los escuchas asimilen bien lo que acaban de oír. Las pausas, al contrario que muchos pensaban, no significaban que Obama no sabía lo que seguía en su discurso, por el contario, él estaba buscando la palabra más elocuente y acertada para expresar y transmitir lo que deseaba.

Así que si quieres ser tan elocuente como él, lo que tienes que hacer es pararte frente a un espejo, hablar por unos minutos, después guardar silencio y pensar la frase que quieres decir y después retomar tu discurso. Obsérvate bien mientras practicas el ejercicio.

CONCLUSION

Recuerda que la constancia es la clave del éxito.

Así que si realmente quieres desarrollar y dominar tu habilidad para hablar bien en público, necesitas ser perseverante. No basta simplemente con poner en práctica estos ejercicios una o dos veces. La clave está en ejercitarte constantemente y con disciplina.

¿Crees que un atleta está listo para competir y ganar con sólo haber trotado un día antes de la competencia? Claro que no.

Por eso te invito a que practiques y realices estos ejercicios de manera perseverante y con disciplina. Conviértelos en nuevos hábitos positivos y verás como muy pronto serás capaz de hablar bien en público. Y así, en cada nueva presentación que tú realices, serás capaz de cautivar, guiar e inspirar auténticamente.

No te des por vencido ni dejes de creer que es posible, la grandeza está en tu interior. Práctica todos los días para que adquieras la experiencia de hablar con una voz segura que demuestre que estás totalmente convencido de lo que estás diciendo. Ninguna persona, situación o circunstancia puede definir tu valor como persona, no te des por vencido ni dejes de creer que es posible, la grandeza está en tu interior.

Por último, la finalidad de este manual, con los ejercicios explicados de la manera que me han dado resultado, es para que todos puedan superar el reto que significa hablar en público con seguridad y elocuencia y puedas dominar tu lenguaje corporal fácilmente.

Del autor

Luis Gabba, es un diseñador gráfico, artista plástico, dedicado mucho tiempo al diseño publicitario y diseño editorial. Ha incursionado también en el dibujo del comic, por lo que ha sido premiado en varias oportunidades. Es un autor independiente muy prolifero, sobre todo en los últimos cinco años.

Principalmente la temática de sus obras es la superación personal y la autoayuda, aunque ha escrito también sobre hechos históricos o místicos.

Luis Gabba, siente una necesidad de contar como fue superando dificultades en su vida laboral como diseñador en agencias de publicidad y empresas editoriales. Pero lo cuenta de una manera muy sencilla y amena, pero sin dejar de ser profunda y que el lector podrá aprovechar cada consejo vertido en sus escritos.

Por su trabajo profesional en el ámbito publicitario, comenzó a estudiar y capacitarse en la forma de motivarse para conseguir inspiración para las campañas publicitarias en las que le tocaba trabajar y saber cómo presentar las campañas publicitarias a sus clientes.

Es así que comenzó a realizar cursos, capacitaciones y a leer toda la información del tema que estuviera a su alcance. Fue así que de lo que fue aprendiendo y experimentando, poniéndole su propia óptica, comenzó a escribir ensayos, que luego se convertirían en libros o manuales, donde Luis comparte una mirada muy especial de como comunicarse, motivación y consejos para tener buenos resultados en la vida.

Made in the USA
Coppell, TX
13 March 2025

47047808R00031